L7k
3099

Lk 3099.

NOTICE

SUR LE

CALVAIRE

DE HARFLEUR

Se vend au profit de l'Église
de Harfleur.

MONTIVILLIERS
HÉBERT, LIBRAIRE

NOTICE

SUR LE

CALVAIRE

DE HARFLEUR

SUIVIE DE

PRIÈRES QU'ON PEUT FAIRE DEVANT LE CALVAIRE

ET DE

L'Indication du Cérémonial de la Procession solennelle
le Dimanche dans l'Octave de l'Ascension

MONTIVILLIERS

HÉBERT, LIBRAIRE

1859

NOTICE

SUR LE

CALVAIRE

DE HARFLEUR.

I.

Sur le bord de l'ancienne chaussée de Rouen, près de l'emplacement occupé autrefois par la Maladrerie, au pied de la côte Saint-Éloi, s'élève le Calvaire de Harfleur.

Les archives du Trésor de l'église de Saint-

Martin de Harfleur nous donnent l'époque précise et les circonstances de son érection.

Au mois d'octobre 1753, les R. P. Capucins de Harfleur firent, avec la permission de M. Pinand, grand vicaire et official de Montivilliers, et du consentement de M. Ferrand, curé de la paroisse, une Mission dans cette ville.

Les habitants montrèrent alors tant d'empressement pour entendre la parole de Dieu, que, l'église paroissiale ne suffisant plus pour contenir tous les fidèles, les R. P. Capucins furent forcés de prêcher sur la place publique. Secondés par le zèle des quatorze ecclésiastiques (1) de la paroisse, et bénis par Dieu, qui rendait leur parole efficace, ces hommes apostoliques ranimèrent l'esprit de foi et de religion dans tous les cœurs.

---

(1) Voir aux Archives de la ville.

Ceux qui retiraient tant de fruit de la Mission, et qui goûtaient, dans ces jours de salut, combien est doux le joug du Seigneur, voulurent élever, sur la montagne qui domine cette ville, un monument à la gloire de la Passion de Jésus-Christ, un monument qui pût leur rappeler leurs engagements et redire à leurs enfants leur amour pour la Croix du Sauveur. Ils offrirent leurs dons avec empressement pour ériger un Calvaire, qui devint bientôt célèbre dans tout le pays.

Désirant en outre de s'unir par les liens de la prière commune, les habitants de Harfleur formèrent, dans l'église des Frères Mineurs de Saint-François, une Confrérie du Calvaire, en faveur de laquelle Benoît XIV voulut bien accorder plusieurs Indulgences. Par une bulle du 10 juin 1754, il accorda, dans les conditions ordinaires, une Indulgence plénière à tous les fidèles de l'un et de l'autre sexe, 1º le jour de leur entrée dans ladite Confrérie, 2º le jour de la fête principale de cette Confrérie, 3º à l'article de la mort (1).

Outre ces Indulgences plénières, le Souverain Pontife accordait encore aux associés plusieurs Indulgences partielles, qu'ils pouvaient gagner dans les fêtes de l'Exaltation de la sainte Croix, de la Compassion de la sainte Vierge, de saint Pierre, et de saint André (2).

Le Souverain Pontife ouvrit aussi, *mais pour sept années seulement*, le trésor des Indulgences en faveur des âmes du Purgatoire. « Il accorda que toutes et quantes fois un

---

(1) Bulle du 10 juin 1754.

(2) Bulle du 10 juin 1754 et Ordonnance du 4 septembre 1754.

« prêtre célébrerait la messe à l'autel de la
« Confrérie du Calvaire, dans des jours qui
« devaient être fixés par l'Ordinaire, pour le
« repos de l'âme d'un frère ou d'une sœur
« de ladite Confrérie, qui serait sortie de
« ce monde en grâce avec Dieu, elle perçût
« du Trésor de l'Église, par voie de suffrages,
« une Indulgence en vertu de laquelle, les
« mérites de notre Seigneur Jésus-Christ,
« de la sainte Vierge et des Saints lui étant
« appliqués, elle fût délivrée des peines du
« Purgatoire (1). » Ces priviléges, accordés
pour sept années seulement, avaient été
fixés, par ordonnance du 4 septembre 1754,
à tous les jours de l'Octave de la Fête de
tous les Saints et au vendredi de chaque
semaine.

---

(1) Bulle du 10 juin 1754.

1.

C'est donc dans la foi, la piété de nos pères et les faveurs de Benoît XIV, que prirent naissance cet amour et ce culte dont le Calvaire de Harfleur a constamment été l'objet.

II.

Parmi les priviléges accordés en faveur du Calvaire de Harfleur, plusieurs étaient valables à perpétuité. Cependant, l'intention du Souverain Pontife, en les accordant, avait été qu'ils *devinssent de nulle valeur, si ladite Confrérie venait à changer de nature* (1). Ce changement eut lieu vers la fin du siècle dernier, où les divisions religieuses et poli-

---

(1) Bulle du 10 juin 1754.

tiques, les discordes intestines firent couler tant de sang et de larmes.

La Confrérie venait de disparaître avec ses priviléges, et des mains sacriléges brisèrent le Calvaire érigé par la reconnaissance, la foi et la piété. Mais à peine la paix eut-elle été rendue à l'Église, que les habitants de Harfleur *s'empressèrent d'ériger un petit Calvaire, pour réparer, autant que possible, cette destruction sacrilége* (1).

Ce petit Calvaire, érigé en 1802, avec l'autorisation de M. de Boisville, vicaire général, fut remplacé en 1808 par MM. les administrateurs de la Fabrique, qui voulurent, est-il dit dans leur délibération, «per-
« pétuer, d'une manière digne, dans leur
« esprit et celui des fidèles, le grand bien-

---

(1) Archives de la Fabrique.

« fait de la Rédemption, et présenter à la
« postérité un saint monument qui fût une
« solennelle et authentique réparation de
« tous les outrages que le Calvaire avait re-
« çus pendant la Révolution (1).

Ce Calvaire fut bénit solennellement au mois de septembre 1808, le Dimanche après la fête de la sainte Croix ; et, cette même année, par une ordonnance de Son Éminence le Cardinal Cambacérès, la procession solennelle du Calvaire fut fixée au Dimanche dans l'Octave de l'Ascension (2).

Cette procession, qui attirait à Harfleur une foule considérable d'étrangers et que les habitants suivaient avec un zèle constant et avec un profond respect, eut, en 1830,

---

(1) Archives de la Fabrique.
(2) Ordonnance du 31 août 1808.

le sort des processions de la Fête-Dieu. Le cours en fut interrompu, mais le souvenir n'en fut pas effacé dans l'esprit des fidèles; et, à la grande joie de tous, elle fut rétablie, en 1852, le Dimanche dans l'Octave de l'Ascension.

III.

S'il est un fait qui ressort évidemment de l'ensemble et de presque tous les détails de la vie des habitants de Harfleur, c'est leur respect et leur amour pour le Calvaire. La piété des pères a passé dans l'âme des enfants. Témoin ces ex-voto, ces pieuses images, ces fleurs qu'on trouve toujours au pied du Calvaire; témoin les prémices des fruits qu'on y dépose, pour remercier le Dieu Sauveur de les avoir donnés et le prier de bénir ceux qui sont encore confiés à la terre.

Sur ce mont consacré par la présence du signe auguste de notre rachat, la prière est rarement interrompue. La nuit comme le jour, de pieux pèlerins gravissent, en silence, le chemin du Calvaire ; ils vont, ou demander au Sauveur une grâce, ou le remercier de quelque grand bienfait, ou détester leurs erreurs, et lui jurer une fidélité inviolable. Oh ! combien de pécheurs, jusque-là endurcis, ont été touchés en ce lieu d'une grâce victorieuse ! Combien d'âmes encore faibles y ont pris de fortes résolutions ! Combien de cœurs brisés par le regret y ont goûté l'onction céleste et sont revenus consolés ! C'est là cette montagne du Seigneur *où ne cesse de couler la divine rosée.*

Cette piété envers le Calvaire de Harfleur, ces grâces, ces faveurs qu'y puisent les habitants de la ville et les nombreux pèlerins qui le visitent, ont été signalées au Souverain Pontife Pie IX, qui, dans sa touchante bonté, a daigné accorder les priviléges suivants, en considération de ce Calvaire.

PIUS PP. IX.

AD PERPETUAM REI MEMORIAM.

Cùm sicut accepimus ab incolis Parœciæ loci Harfleur qui nominatur Rothomagensis Diœcesis ab anno MDCCLIII in memoriam Dominicæ Passionis prope dictum locum Calvarium fuerit erectum, quo etiam in præsens Christi fideles satis frequentes accurrunt, Nos, ut fidelium animi in Christi Domini Passione recolendâ magis magisque exardescant, et ad augendam eorumdem devotionem paternâ charitate intenti omnibus et singulis utriusque sexûs Christi fidelibus verè pœnitentibus et confessis ac sacrâ communione refectis qui Dominicâ post festivitatem As-

PIE IX, PAPE.

POUR PERPÉTUELLE MÉMOIRE.

—

Étant informé que les fidèles de la paroisse de Harfleur, dans le Diocèse de Rouen, continuent de visiter fréquemment le Calvaire érigé, près de cette ville, en l'année 1753; afin que leurs âmes s'enflamment de plus en plus dans la méditation de la Passion de Jésus-Christ, et animé d'un amour tout paternel pour accroître leur dévotion, Nous accordons libéralement dans le Seigneur, à tous les fidèles de l'un et de l'autre sexe, vraiment pénitents, confessés et communiés, qui, le Dimanche dans l'Octave de l'Ascension et les Dimanches où l'on célèbre,

censionis D. N. J. C. immediatè subsequenti, et Dominicis quibus in Ecclesiâ Parœciali dicti loci Inventionis et Exaltationis SS. Crucis D. N. J. C. festa celebrantur, præter Calvarium præfatum Ecclesiam Parœcialem devotè visitaverint, ibique pro christianorum principum concordiâ, hæresum extirpatione ac sanctæ matris Ecclesiæ exaltatione pias ad Deum preces effuderint, quo die ex dictis id egerint, plenariam omnium peccatorum suorum indulgentiam et remissionem misericorditer in Domino concedimus. Insuper iisdem Christi fidelibus, qui corde saltem contriti memoratum Calvarium quocumque anni die visitaverint, ibique ut supra oraverint, centum dies de injunctis eis, seu alias quomodolibet debitis pœnitentiis, in formâ Ecclesiæ consuetâ relaxamus. Quas omnes et singulas Indulgentias, peccatorum remissiones ac pœnitentiarum relaxationes etiam anima-

dans l'église dudit lieu, les fêtes de l'Invention et de l'Exaltation de la sainte Croix, visiteront, outre ledit Calvaire, l'église paroissiale, et y prieront pour la concorde entre les princes chrétiens, l'extirpation des hérésies et l'exaltation de notre sainte mère l'Église, l'Indulgence plénière et la rémission de tous leurs péchés. — De plus, Nous remettons, dans la forme usitée par l'Église, cent jours de pénitences qui leur seraient ou devraient leur être enjointes, à tous les fidèles qui, au moins contrits de leurs péchés, visiteront, en quelque jour de l'année que ce soit, ledit Calvaire et y prieront aux mêmes intentions que dessus. — Nous octroyons que toutes et chacune desdites indulgences, rémissions de péchés, relaxations de pénitences puissent être appliquées, par mode de suffrages, aux âmes du Purgatoire. Nonobstant toutes dispositions contraires, les présentes

bus Christi fidelium quæ Deo in charitate conjunctæ ab hâc luce migraverint per modum suffragii applicari posse impertimur. In contrarium facientibus non obstantibus quibuscumque. Præsentibus perpetuis futuris temporibus valituris.

Datum Romæ apud S. Petrum sub Annulo Piscatoris, die XXI januarii MDCCCLIX, Pontificatûs Nostri Anno decimo tertio.

Pro Dno Cardinali MACCHI,

F.-B. BRANCALEONI CASTELLANI,
Preft.

Vidimus ut executioni demandetur,
Rothomagi, die 9ᵃ februarii 1859.

LEGROS, Vic. gén.

seront valables à perpétuité dans les âges futurs.

Donné à Rome, à Saint-Pierre, sous l'Anneau du Pêcheur, le 21 janvier 1859, l'an treizième de Notre Pontificat.

Pour Son Éminence le Cardinal MACCHI,

F.-B. BRANCALEONE CASTELLANI,
Substitut.

Vu pour être mis à exécution,
Rouen, ce 9 février 1859.

LEGROS, Vic. gén.

PRIÈRES ET ACTES

QU'ON PEUT FAIRE AU PIED DE LA CROIX.

Prière.

Prosterné au pied de la Croix, dont je veux honorer toute ma vie le triomphe et pratiquer les enseignements, je remercie Jésus-Christ de la grâce qu'il a faite à tous les hommes de les racheter à un si haut prix, et de celle qu'il m'a faite, en particulier, de me donner part à cette précieuse et surabondante rédemption. Je lui demande très-humblement pardon d'avoir tant contribué, par mes péchés, aux opprobres et aux douleurs de sa Passion, et du peu de fruit que j'en ai retiré jusqu'ici; je me propose, en ce jour, de renouveler les promesses de mon baptême, pour m'attacher tout de nouveau à lui et à sa religion sainte par la foi, l'espérance et la charité, et par l'exercice des vertus dont il nous a donné sur la Croix de si touchants exemples.

Jésus, je vous supplie, par vos cinq plaies glorieuses, de me faire la grâce de persévérer jusqu'à la mort dans les sentiments qu'il a plu à votre bonté de m'inspirer, et de me donner part à toutes les prières de ceux qui honorent votre croix, et à toutes les bénédictions dont l'Église l'a comblée. Mon Dieu et mon Sauveur, donnez-moi, par vos cinq plaies adorables, la grâce de bien vivre et de mourir saintement.

Acte de Foi.

O mon Dieu! je crois que votre Fils unique, mon Sauveur Jésus-Christ, est mort sur la Croix pour le salut de tous les hommes; je le crois fermement sur votre parole, parce que vous êtes la vérité même, et que vous ne pouvez ni vous tromper ni nous tromper.

Acte d'Espérance.

Que ne puis-je pas espérer de vous, ô mon Dieu! qui m'avez donné votre cher Fils pour me racheter, et qui, avec lui, m'avez donné, par avance, tous les biens qui me sont nécessaires? que pouvez-vous refuser à l'amour, aux larmes et au sang de votre Fils mourant pour nous? O Jésus crucifié, vous êtes toute mon espérance!

Acte d'Amour.

Quel amour, ô Jésus, vous a porté à souffrir pour moi le douloureux supplice de la Croix? Comment reconnaître cet amour infini qui vous a ôté la vie pour me la donner? Que n'ai-je tous les cœurs des Anges et des

hommes pour les consacrer à votre amour !
Je veux que cet amour m'attache désormais
à votre sainte Croix, afin que votre Croix
m'attache à vous, que j'y vive et que j'y
meure avec vous, et que par vous et en vous
je sois uni à Dieu pendant l'éternité.

Acte de Contrition.

Seigneur, je suis coupable de votre mort ;
ce sont mes péchés qui vous ont ôté la vie ;
je vous ai crucifié autant de fois que j'ai commis de péchés mortels ; *mon péché est toujours présent devant moi*, et il est bien grand mon péché, puisqu'il comprend la multitude infinie de mes infidélités et de mes ingratitudes. Je le vois, Seigneur, imprimé sur votre Croix qui me le reproche, mais votre miséricorde y est aussi gravée en caractères ineffaçables. C'est sur elle, mon Dieu, que vous devez régler les desseins de votre cœur en-

vers moi. Je n'implore pas la miséricorde des Anges et des Saints, ni la miséricorde d'un Dieu glorieux dans le ciel ; j'ai besoin de la grande et suprême miséricorde, que je ne trouve que dans un Dieu crucifié. Celui que j'ai fait mourir par mes péchés est le seul qui doit me pardonner et me ressusciter à la grâce. O Dieu souffrant et mourant, le mal que je vous montre en moi n'est pas un mal passager et indifférent, c'est la mort de l'âme pour le temps et pour l'éternité ; ramassez la multitude de vos grâces et des pardons que vous avez accordés aux pécheurs depuis le commencement du monde ; ramassez-les aujourd'hui pour moi seul. Vous trouvez en moi tous les pécheurs, il faut que je trouve en vous toutes les bontés, et tout l'amour qui les a convertis jusqu'à cette heure. Divin Sauveur, glorifiez votre miséricorde en me pardonnant mes innombrables iniquités, et faites voir dans une créature si criminelle ce que c'est qu'un Dieu fait homme pour le salut des hommes et ce que peut sa grâce sur un *cœur contrit et humilié.*

Élevation de l'Ame à Jésus sur le Calvaire.

Dieu, Rédempteur du monde, qui, pour le racheter, avez bien voulu naître dans une pauvre étable, être circoncis, maltraité par les Juifs, trahi par un perfide baiser, chargé de chaînes, traîné à la mort et immolé comme un innocent agneau, je vous prie, par la multitude de tous ces tourments que vous avez endurés, d'augmenter ma foi, mon espérance, mon amour et ma contrition, de me préserver des peines de l'enfer et de me conduire où vous avez conduit le bon Larron crucifié avec vous, qui vivez et régnez avec le Père et le Saint-Esprit.

Ainsi soit-il.

Aspirations à Jésus sur le Calvaire.

Ame de Jésus, sanctifiez-moi.

Corps de Jésus, sauvez-moi.

Sang de Jésus, enivrez-moi.

Eau sortie du côté de Jésus, purifiez-moi.

Passion de Jésus, fortifiez-moi.

Jésus, Dieu bon, exaucez-moi.

Dans vos saintes plaies, cachez-moi.

Ne permettez pas que je sois séparé de vous.

Du malin esprit, défendez-moi.

A l'heure de ma mort, appelez-moi.

Ordonnez qu'au dernier moment, je vienne à vous.

LITANIES A L'HONNEUR DE JÉSUS-CHRIST SUR LE CALVAIRE.

Seigneur, ayez pitié de moi.

Jésus-Christ, ayez pitié de moi.

Père céleste, qui êtes Dieu, ayez pitié de moi.

Fils Rédempteur du monde, ayez pitié de moi.
Esprit-Saint, qui êtes Dieu, ayez pitié de moi.
Trinité Sainte, qui êtes Dieu, ayez pitié de moi.
O Jésus, qui êtes par excellence l'homme de douleur, ayez pitié de moi.
O Jésus, pauvre et dénué de tout, ayez pitié de moi.
O Jésus, méconnu et rejeté par votre peuple, ayez pitié de moi.
O Jésus, méprisé et couvert d'opprobres, ayez pitié de moi.
O Jésus, haï et persécuté, ayez pitié de moi.
O Jésus, abandonné, renoncé et trahi par vos disciples, ayez pitié de moi.
O Jésus, triste jusqu'à la mort, ayez pitié de moi.
O Jésus, livré au dégoût, à l'ennui et à l'abattement, ayez pitié de moi.
O Jésus, vendu à prix d'argent comme les esclaves, ayez pitié de moi.

O Jésus, lié et garrotté comme un voleur, ayez pitié de moi.

O Jésus, conduit avec infamie devant les tribunaux, ayez pitié de moi.

O Jésus, traîné avec opprobres dans les rues de Jérusalem, ayez pitié de moi.

O Jésus, exposé aux clameurs et aux huées de la populace, ayez pitié de moi.

O Jésus, accusé, calomnié et injustement jugé, ayez pitié de moi.

O Jésus, traité de fou et d'insensé, ayez pitié de moi.

O Jésus, flagellé et couvert de sang, ayez pitié de moi.

O Jésus, condamné à mort comme un criminel, ayez pitié de moi.

O Jésus, mis en parallèle avec Barrabas, ayez pitié de moi.

O Jésus, couronné d'épines et salué avec dérision, ayez pitié de moi.

O Jésus, chargé des anathèmes et des malédictions de tout le peuple, ayez pitié de moi.

O Jésus, conduit sur le Calvaire, et portant le fardeau de la croix, ayez pitié de moi.

O Jésus, attaché à cette croix, et donné en spectacle à tout l'univers, ayez pitié de moi.

O Jésus, abreuvé d'amertume et de fiel, ayez pitié de moi.

O Jésus, dont le cœur fut percé d'une lance, ayez pitié de moi.

O Jésus, expirant entre les bras de la croix, ayez pitié de moi.

O Jésus, victime volontaire pour tous nos péchés, ayez pitié de moi.

O Jésus, modèle et soutien de toutes nos peines, ayez pitié de moi.

Agneau de Dieu, qui effacez les péchés du monde, ayez pitié de moi.

Agneau de Dieu, qui effacez les péchés du monde, ayez pitié de moi.

Agneau de Dieu, qui effacez les péchés du monde, ayez pitié de moi.

Prière.

O Jésus, mon Sauveur, qui nous avez appris, dans le cours de votre Passion douloureuse, à détester parfaitement nos péchés, à les confesser humblement et à les réparer courageusement, faites-moi la grâce de me présenter au saint tribunal de la pénitence avec des dispositions si parfaites d'humilité, de sincérité, de regret, de ferme propos, que je reçoive, par les mérites que vous m'avez acquis sur la croix, la rémission pleine et entière de mes péchés et la grâce de vous posséder dans le ciel, où vous vivez et régnez dans les siècles des siècles.

Ainsi soit-il.

CÉRÉMONIAL DE LA PROCESSION DU CALVAIRE,

LE DIMANCHE DANS L'OCTAVE DE L'ASCENSION, APRÈS VÊPRES.

En allant au Calvaire, on chante :

Miserere mei, Deus. Entre chaque verset, on chante : *Parce, Domine, parce populo tuo, ne in æternum irascaris nobis.*

Étant au Calvaire, on chante :

1° L'Antienne des secondes Vêpres de la fête de l'Invention de la sainte Croix, avec les versets et oraison.

2° On chante trois fois la strophe :
O crux! ave, spes unica!
In hâc triumphi gloriâ,
Auge piis justitiam
Reisque dona veniam.

3° Pendant l'adoration de la Croix, on chante un cantique, à volonté.

Au retour de la Procession, on chante :

1° L'hymne des Laudes du Dimanche de la Passion.

2° Le *Te Deum*, qu'on termine à l'Église.

Vu et approuvé par nous, Vicaire général de Rouen.

Rouen, le 1er avril 1859.

LEGROS, Vic. gén.

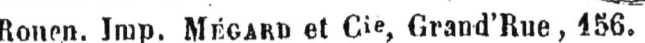

Rouen. Imp. MÉGARD et Cie, Grand'Rue, 156.

Rouen, Imp. MEGARD et C°.

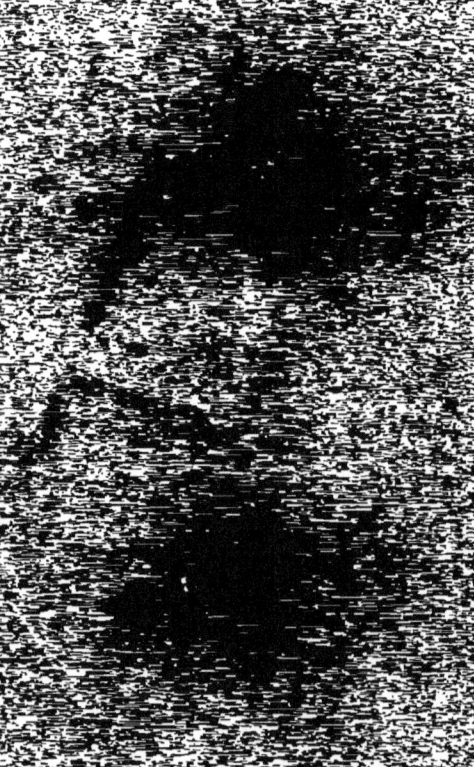

www.ingramcontent.com/pod-product-compliance
Lightning Source LLC
Chambersburg PA
CBHW060506050426
42451CB00009B/841